Katharina Zechlin

Basteln mit TAUCH LACK

TOPP

Verlag Frech

Stuttgart-Botnang

Eine ausgefallene Dekoration: eine naturgetreu geformte Orchideenrispe, die auf einer knorrigen Wurzel — im Moor gefunden — befestigt wurde. Die Blüten sind aus sechs einzelnen Blütenblättern zusammengebunden und noch mit Lackfarben bemalt worden.

Einleitung

Ein neues Material im Angebot für die Freizeit erfreut uns mit neuartigen Eigenschaften und einer Palette reizvoller Anwendungsmöglichkeiten: Tauchlack. Dieser Speziallack erlaubt es, Drahtformen durch einfaches Eintauchen mit einem transparenten farbigen Film zu überspannen. Das Verfahren ist so einfach, daß sowohl Kinder wie Erwachsene schnell Spaß daran finden, die hauchzarten Gebilde zu basteln, die für vielerlei Dekorationen verwendet werden können.

Das Material ist preiswert, man benötigt nur ganz wenig Werkzeug. Ein Tisch reicht als Arbeitsplatz aus.

Das sind alles Vorzüge, die das Tauchlack-Hobby zu einer idealen Beschäftigung im Familienkreis machen: an verregneten Wochenenden, langen Winternachmittagen und in der Vorweihnachtszeit!

Tauchlack ist ein Speziallack mit großer Spannkraft. Taucht man eine Drahtschlinge hinein und zieht sie wieder heraus, so spannt sich ein dünner transparenter oder deckender Film über die Drahtform. Dieser zarte Film trocknet in wenigen Minuten, ist in einigen Stunden durchgehärtet und kann durch Eintauchen in einen speziellen Festiger noch zusätzlich verstärkt werden. Tauchlack gibt es in vielen transparenten Farben und zwar in: Gelb, Rot, Grün, Blau, Orange, Purpur, Violett, Türkis, außerdem vollkommen farblos.

Zwei besonders leuchtkräftige Farbtöne müssen besonders erwähnt werden: Fluoreszenzrot und -grün.

Alle Farben außer Schwarz erhalten wir auch als deckenden Tauchlack. Zudem sind alle untereinander mischbar (siehe dazu: Kapitel Mischen).

Der Lack ist brennbar, deshalb bringen Sie bitte kein offenes Feuer in die Nähe, z. B. Kerzen oder Zigaretten.

Das brauchen wir

Tauchlack bekommt man in kleinen Dosen mit 100 g und 200 g Inhalt und in größeren Gebinden zu 650 g. Einige kleine Döschen genügen für den Anfang. Wenn man nicht alle Farben kaufen will, wählt man solche, aus denen sich neue Farben ermischen lassen. Aus Blau, Gelb und Rot beispielsweise lassen sich Grün, Orange, Lila und Braun mischen. Eine Dose Transparent ist nützlich zum Aufhellen der Farbtöne. Zum Verdünnen des Lacks brauchen wir ein Fläschchen **Verdünner.** Eine Dose **Lackfilmfestiger** ist nützlich, wenn wir sehr haltbare Figuren machen möchten.

Zum Formen der Figuren brauchen wir dünnen **Draht,** etwa 0,4–0,6 mm stark. Dickerer Draht läßt sich zu schwer biegen. Am hübschesten wirkt versilberter Draht, den man in Bastelläden kaufen kann, aber auch Eisen-, Kupfer- und Messingdraht lassen sich gut verarbeiten. Zum Üben können wir auch sogenannten Blumendraht gebrauchen, den man sehr preiswert in Eisenwarengeschäften kaufen kann.

Styropor (Hartschaum) in Form von Platten oder alten Verpackungen, dient zum Einstecken und Trocknen der Drahtformen. Platten gibt es billig in Baustoffhandlungen.

Eine **Rundzange** und ein **Seitenschneider** oder eine Kneifzange sind nützlich zum Formen schwieriger Drahtfiguren und zum Abkneifen des Drahtes. Beides ist zu Anfang aber auch entbehrlich: den Draht kann man auch mit den Händen formen, und zum Abkneifen benutzen wir eine alte Schere.

Unentbehrlich sind einige kleine, gut verschließbare **Behälter,** z. B. ausgediente Marmeladengläser, mit Schraubdeckel, leere Cremedosen aus Blech u. ä. zum Mischen der Farben, **Hölzchen** zum Umrühren und **alte Zeitungen** zum Abdecken des Arbeitsplatzes. Auch eine Schürze ist zu empfehlen.

Wir basteln ein Mobile

Ein Mobile aus einfachen Drahtformen ist eine kleine Übungsarbeit für Beginner und veranschaulicht am besten die einzelnen Arbeitsgänge.

Biegen

Wir biegen freihändig oder mit Hilfe der Zange einfache Drahtfiguren, z. B. Fische, einfache Blumenformen, Kreise, Vögel oder Schiffe. Dabei müssen wir aber beachten: jede Drahtform muß in sich geschlossen sein – offene Formen kann der Tauchlack nicht überspannen. Die Drahtenden werden einfach zusammengewickelt, natürlich so unauffällig wie möglich. An den Verbindungsstellen lassen wir zunächst ein paar Zentimeter Draht stehen, knipsen also nicht direkt an der Verbindung ab. Dieses Ende dient zum Anfassen beim Eintauchen und Einstecken oder Aufhängen zum Trocknen.
Sinnvollerweise biegt und verbindet man die Drahtenden natürlich dort, wo man sowieso die Aufhängeöse anbringen will oder dort, wo dio Figur cingc steckt werden soll.
Jede Drahtform darf nur so groß sein, daß sie auch in unsere Tauchlack-Dose paßt. Besonders bei den kleinen Dosen muß man daran denken. Bei größeren Drahtfiguren füllen wir einfach den Lack in einen anderen Behälter. Flache breite Tiefkühldosen aus Weichplastik haben sich bewährt. Sie müssen gut verschließbar sein, damit der Lack nicht austrocknet. Die Figuren brauchen nicht unbedingt flach zu sein, auch räumliche Biegungen überspannt der Tauchlack ohne weiteres.

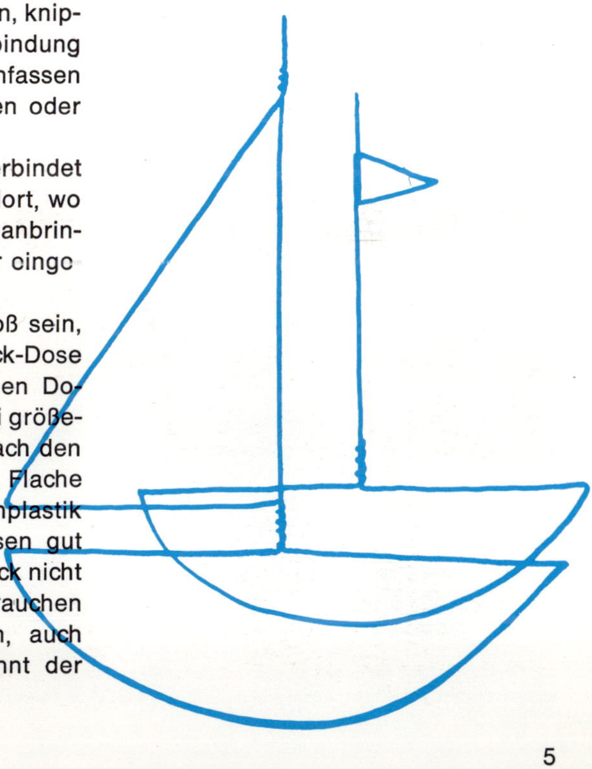

Tauchen

Wir wählen eine Farbe, öffnen die Dose erst unmittelbar vor dem Tauchen, und tauchen unsere Drahtform in den flüssigen Lack. Die Form muß immer bis kurz über die Verbindungsstelle eingetaucht werden, sonst kann sich kein Film bilden. Bei hohen Figuren kann man durch Schräghalten der Dose die Drahtform besser eintauchen. Vorsichtig herausheben und den überflüssigen Lack abtropfen lassen. Eventuelle Resttropfen lassen sich am Dosenrand abstreifen. Die Dose danach gleich wieder verschließen, damit der Lack nicht eindickt. Falls er durch häufigen Gebrauch eingedickt ist, kann er wieder verdünnt werden.

Trocknen

Zum Trocknen stecken wir unsere Drahtfigur mit dem überstehenden Ende in ein Stück Hartschaum. Auch eine halbierte Kartoffel oder ein Rest Knetgummi erfüllen den gleichen Zweck. Man kann das Drahtende auch leicht umbiegen und die Figuren zum Trocknen auf eine Schnur hängen. Wichtig ist dabei, daß die einzelnen Figuren sich nicht berühren; sie kleben sonst aneinander.
Nach etwa 30 Minuten kann man die Figuren anfassen und vorsichtig weiterbearbeiten – richtig hart sind sie erst nach ein paar Stunden.

Montieren

Nach etwa einer Stunde Trockenzeit können wir unser Mobile fertigstellen. Wir knipsen die überstehenden Drahtenden bis auf einen Zentimeter ab und biegen mit der Rundzange daraus eine Öse. Die Aufhängung basteln wir aus etwas stärkerem Mobiledraht, den man im Bastelladen bekommt. Die Figuren hängen wir an dünne Fäden aus Nähseide oder Perlon. Die Aufhängung können wir am besten auf dem Foto sehen.
Das Mobile wirkt natürlich am hübschesten vor einem Fenster oder einer Lampe, weil die transparenten Farben erst bei durchscheinendem Licht leuchten.

Eine transparente Blume

An unserem zweiten Beispiel wollen wir zeigen, wie man eine Figur aus Einzelteilen zusammensetzen kann. Am einfachsten ist das bei einer Blume. Wir biegen zuerst die einzelnen Blütenblätter und formen sie so, daß die Blume entweder offen oder geschlossen wirkt. Dazu biegen wir ein passendes Blatt. Die Blütenblätter und das Blatt werden einzeln in den Lack getaucht und zum Trocknen in Hartschaum gesteckt. (Wenn die Blüte

ziemlich stabil werden soll, müssen die Blütenteile nach dem Trocknen noch in Festiger getaucht werden. Dazu siehe Kapitel Lackfilmfestiger.)

Die Blütenteile müssen gut trocknen, bevor sie aneinandermontiert werden können.

Als Mittelpunkt kann man Glas- oder Holzperlen verwenden, oder eine kleine Kugel aus Staniolpapier formen und auf ein Stück Draht stecken. Um diesen Mittelpunkt herum die Blütenblätter arrangieren und mit einem Stück Draht fest zusammenwickeln. Ein bißchen läßt sich die Form der Blüte noch zurechtbiegen, aber dabei soll man nicht übertreiben. Das Blatt wird an passender Stelle ebenfalls mit Draht angewickelt. Die Stiele kann man mit grünem Klebeband, Bast oder Kreppapier umwickeln.

So eine einzelne Blume ist hübsch als Anhänger zu einem Geschenkpäckchen oder allein in einem Glasgefäß.

Ob eine Blume mehr aus der Fantasie oder nach dem Vorbild der Natur gestaltet wird, ist weitgehend Geschmacksache. Der Tauchlack erlaubt beides.

Tips und Tricks

Mischen

Alle Farben des Tauchlacks lassen sich miteinander mischen. Man kann dadurch sehr schön abgestufte Farbtöne erzielen. Zum Mischen brauchen wir kleine Gläser, Blechdosen mit Deckel oder Tiefkühldosen, die sich gut verschließen lassen. Nur Gefäße aus Polystyrol bzw. Hartplastik dürfen wir nicht verwenden, sie lösen sich nämlich auf. Wir geben von den Farben etwas in das Mischgefäß und rühren gut um. Ein wenig Verdünnerzugabe ist oft zu empfehlen.

Die dunklen Farbtöne färben sehr intensiv, also lieber erst mal wenig in die Mischung geben.

Raffinierte leuchtende Farbtöne erzielen wir durch Mischungen mit den transparenten Fluoreszenzfarben. Fluoreszenzrot zum Beispiel mit etwas Blau verrührt ergibt ein leuchtendes Violett. Eine reiche Palette an Grüntönen läßt sich aus den Farben Gelb, Türkis, Blau und Fluoreszenzgrün ermischen. Alle transparenten Farben lassen sich durch Zugabe von Transparent farblos heller und zarter tönen. Besonders zart und leicht wirkt Transparent mit nur einem Tropfen Blau oder Türkis.

Mit dem deckenden Weiß lassen sich halbtransparente bis deckende Farbtöne erreichen. Je nach Zugabemenge von Weiß ergeben sich milchige durchscheinende Pastelltöne oder kräftige, deckende Farben. Besonders die halbdurchscheinenden Farben ergeben reizvolle Wirkungen.

Bei den Beispielen in diesem Buch wurde hauptsächlich mit transparenten Farben gearbeitet. Je nach Geschmack oder Verwendung kann man alle Dinge auch mit deckendem Lack machen.

Beim Verrühren der Farben miteinander entstehen Luftbläschen im Lack. Sind sie nicht erwünscht, läßt man die geschlossene Dose einige Minuten stehen.

Lackfilmfestiger

Der Film, der sich zwischen dem Drahtgerüst bildet, ist hauchdünn und nach dem Trocknen zwar hart, aber auch spröde und empfindlich gegen unsanfte Behandlung. Für Figuren, die vielleicht als Mobile aufgehängt werden oder für eine einmalige Dekoration, reicht die Festigkeit vollkommen. Wenn wir aber eine Dekoration basteln, die länger halten soll, müssen wir den Lackfilm verstärken. Dazu dient der sogenannte Lackfilmfestiger. Er ist vollkommen farblos. Die Teile werden einfach eingetaucht, nachdem der farbige Lackfilm mindestens 20 Minuten getrocknet ist. Da der Festiger zähflüssiger ist, dauert das Abtropfen etwas länger.

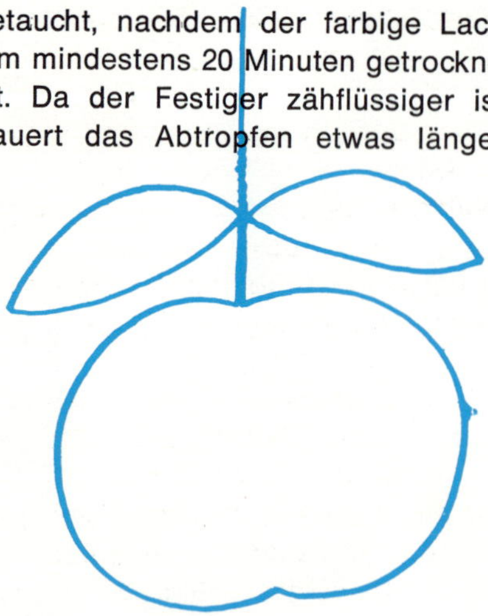

Wie üblich zum Trocknen in Styropor stecken oder aufhängen. Meist tropft noch etwas von dem Festiger herunter, das schadet aber nichts, man kann es später abschneiden.
Das Trocknen dauert etwa 2 Stunden. Der Festiger ist ziemlich elastisch, so daß man die fertigen Figuren noch kräftig zurechtbiegen kann. Außerdem kleben sie nicht aneinander, wie das bei unverstärkten Figuren leicht passiert.
Ist der Festiger zu zähflüssig, kann man ihn mit Terpentinersatz verdünnen. Aber nicht zuviel dazugeben, sonst wirkt er auf dem Tauchlackfilm gekräuselt.

Biegen

Je dünner der Draht, desto leichter läßt er sich biegen. Damit die Figuren aber auch halten, sollte er nicht dünner als 0,4 mm sein. Für große Figuren kann man bis zu 1 mm dicken Draht nehmen. Einfache Figuren kann man mit den Fingern biegen und die Enden zusammendrehen. Daß sie dabei nicht ganz gleichmäßig ausfallen, macht sie eigentlich noch reizvoller. Besonders Kinder bringen in ihrer unbekümmerten Art die reizendsten naiven Drahtgebilde zustande. Für präzise geformte Figuren braucht man Zangen: für gleichmäßige Rundungen eine Rundzange, zum Abbiegen von Ecken eine Zange, die eckige, konisch sich zuspitzende Backen hat. Je kleiner die Drahtformen, desto dicker wird der sich dazwischen spannende Lackfilm und desto dunkler dadurch die Farbe, bzw. die Transparenz. Je größer die Drahtschlaufe, desto dünner der Lackfilm und desto größer die Durchsichtigkeit. Aber der Tauchlack überspannt nur eine gewisse Distanz. Werden die Drahtfiguren zu groß oder haben sie keine Unterteilungen, so spannt sich der Lack nicht mehr darüber. Es hat sich gezeigt, daß der Lack einen Kreis von etwa 14 cm nicht mehr überspannt. Große Drahtfiguren passen natürlich nicht in die kleinen Dosen. Man gießt dann den Tauchlack in entsprechend breite Behälter (Gläser oder Tiefkühldosen) und zwar eine so hohe Schicht, daß man die Figuren flach darin eintauchen kann.
Viele Figuren lassen sich auch aus einzelnen Teilen zusammensetzen, die einzeln getaucht und nach dem Trocknen zusammengeklebt werden.

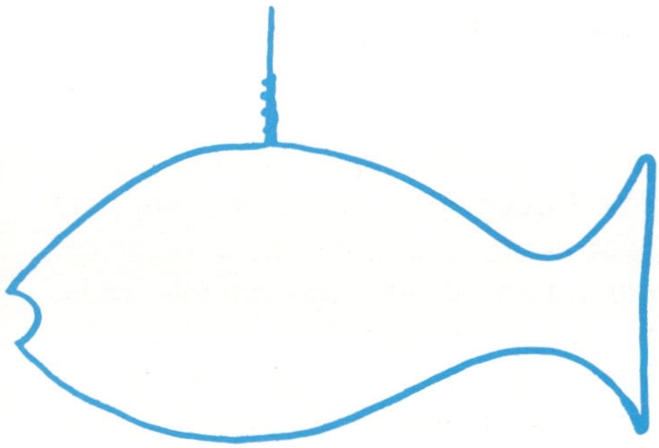

Tauchen

Manchmal gelingt der erste Tauchversuch nicht – der Film spannt sich nicht oder nur teilweise über den Draht. Dann probiert man es einfach noch einmal. Die Reste, die vom ersten Tauchen am Draht hängen bleiben, lösen sich beim Wiedereintauchen auf.

Figuren, die farblich nicht gefallen, kann man wieder in einem Schälchen mit Nitroverdünnung auflösen. Am besten geht das, wenn sie noch ganz frisch oder nicht älter als ein paar Tage sind.
Die Art und Weise, wie Sie die Drahtformen nach dem Tauchen abtropfen lassen, hat Einfluß auf das Muster. Durch einfaches Abtropfen und Aufhängen zum Trocknen läuft der überschüssige Lack nach unten und der untere Teil der Figur erscheint dunkler. Durch waagrechtes Halten verteilt sich der Lackfilm gleichmäßig. Durch Schwenken erreicht man unregelmäßige Schlierenbildung. Man muß selbst herausfinden, welche Abtropftechnik die hübschesten Ergebnisse hat.

Verdünnen

Durch häufiges Öffnen der Dose oder längeres Lagern kann der Lack mit der Zeit so eindicken, daß der Lackfilm sehr zähflüssig wird und der Überschuß nicht mehr richtig abtropft. Dann können wir den Lack mit einer Spezialverdünnung wieder flüssiger machen. Einige Tropfen (je nach Eindickung) mit einem Holzstäbchen gründlich einrühren und die zugedeckte Dose ein paar Minuten stehen lassen, damit die Luftbläschen entweichen. Auf diese Weise können wir den Lack einige Male verdünnen – die Grenze ist dann erreicht, wenn er nicht mehr genügend Spannkraft hat. Deshalb prüfen wir die Spannkraft ab und zu mit einer kleinen Drahtschlinge, die wir in den Lack halten. Hat man keine Spezialverdünnung zur Hand, kann man es auch mit ein wenig Nitroverdünnung versuchen.

Luftblasen

Taucht man viele Teile hintereinander ein, entstehen durch das Abtropfen leicht Luftbläschen im Lack, die beim erneuten Tauchen einer Drahtfigur auf dem Film sichtbar sind. Zur Vermeidung der Bläschen Dose einige Minuten geschlossen stehen lassen, bis sie von allein aufgestiegen sind.
Bläschen auf dem Tauchlackfilm können ein durchaus erwünschter Effekt sein, der die Transparenz des Materials wirksam unterstreicht. In diesem Fall rührt man den Tauchlack kräftig um, bevor man die Drahtfigur eintaucht. Auch nachträglich lassen sich Bläschen auf die Figuren bringen, wenn man den Festiger vorher umrührt.

Noch ein paar Anregungen

Die getrockneten Tauchlackfiguren kann man auf vielfältige Weise verschönern. Am besten werden die Teile in Festiger eingetaucht. Darauf streut man sofort glitzernden Flitter, z. B. für Faschingsschmuck oder Weihnachtsdekore. Er haftet von allein. Auf den getrockneten Film kann man mit durchsichtigen Glasmalfarben oder deckenden Emaillackfarben malen. Auch Relieffarben lassen sich aufmalen und bringen interessante Effekte. Sie werden selbst viele Ideen haben.
Zusammengesetzte Figuren braucht man nicht zu kleben: sie werden einfach aufeinander gefügt und haften von allein, wenn sie noch nicht ganz durchgetrocknet sind.

Ein Vogelbaum

Diese Dekoration verbreitet auch im Winter Frühlingsfrische: an einem knorrigen Holunderast schweben Vögel in verschiedenen Rotschattierungen.
Die Vögel sind einfach zu biegen. Man braucht allerdings eine Zange mit kegelförmigen Backen, um die Ecken richtig abkanten zu können. Pro Vogel benötigt man ein etwa 45 cm langes Stück Silberdraht. Beim Biegen mit dem kurzen Ende beginnen, das zum Zusammendrehen dient. Am Ende läßt man ein längeres Stück Draht zum Aufhängen stehen.
Die unregelmäßigen Schlieren, die die Vögel noch lebendiger machen, entstehen beim Abtropfen: hält man die getauchte Figur senkrecht, laufen die Schlieren nach unten, beim waagrechten Halten verlaufen sie unregelmäßig. Je eingedickter der Lack ist, desto mehr Schlieren bilden sich.
Zum Trocknen hängen Sie die Vögel an den Drahtenden über eine Schnur – oder gleich an den Ast.
Stellt man einen Ast in ein Gefäß mit Kieselsteinen oder Glaskugeln, wird er in jeder gewünschten Lage gehalten. Noch reizvoller wird eine solche Dekoration, wenn die Vögel nicht flach, sondern plastisch gestaltet werden. Auf der nebenstehenden Seite sehen Sie ein Beispiel. Die Flügel aus dünnem Draht werden an den Rumpf gewikkelt. Möchte man die Flügel andersfarbig haben, müssen sie extra gebogen und getaucht werden. Man fügt einfach Rumpf und Flügel zusammen, wenn die Teile noch nicht ganz trocken sind. Sie kleben dann von allein zusammen.

Schmetterlingssammlung

Ein hübscher Wandschmuck! Gerade um das Zerbrechliche dieser zarten Gebilde auszudrücken, ist Tauchlack das ideale Material. Wenn man einmal daran denkt, welche Vielfalt es allein an Flügelformen bei den Schmetterlingen gibt, kann man sich vorstellen, wieviele Möglichkeiten dieses Motiv bietet.

Die Schmetterlinge unserer „Sammlung" sind aus einem Stück geformt. Wem das zu schwierig erscheint, formt erst den Körper und wickelt die einzelnen Flügel daran. Für einen Schmetterling aus einem Stück (Größe ca. 8 cm) braucht man etwa 70 cm Draht. Je nachdem, ob man ihn aufhängen oder einstecken will, läßt man ein Ende Draht auf der Ober- oder Unterseite stehen. Nach dem Tauchen werden die Schmetterlinge zum Trocknen in Styropor gesteckt. Alle sind mit Festiger zusätzlich gehärtet. Für den Kasten braucht man eine Platte Hartschaumstoff, etwa 2 cm dick. Mit einem scharfen Messer schneidet man mit sägeartigen Bewegungen an einem Lineal entlang eine etwa 30 x 25 cm große Platte und vier Streifen zurecht, die mit Styroporkleber oder Ponal als Rahmen aufgeklebt werden. Besonders hübsch ist es, wenn man die Schmetterlinge zusätzlich bemalt, z. B. mit transparenten Glasmalfarben. Aber auch deckende Emaillack- und Relieffarben können reizvolle Ergebnisse haben.

Ein großes Fensterbild

Selbst ein trüber Regentag sieht – durch ein solch buntes Fenster betrachtet – gleich viel freundlicher aus und jede Aussicht läßt sich mit einem Fensterbild leicht verschönen. Das Basteln ist ein Spaß für die ganze Familie: jeder macht mit! Je bunter das Bild, desto lustiger sieht es aus. Gelingt die eine oder andere Figur nicht ganz – was macht das schon. Sie kann jederzeit durch eine neue ersetzt werden. Ein bißchen erinnert das Bild auch an die jetzt so beliebten Setzkästen. Nur macht man sich hier die Miniaturen selbst!

Außer einigen Dosen Tauchlack und dem schon erwähnten Zubehör brauchen wir noch: eine Platte Hartschaum, 100 x 50 x 2 cm; Kleber; ein scharfes Messer oder eine Rasierklinge, ein Lineal; Perlonfaden.

Mit einem scharfen Messer schneidet man an einem Lineal entlang verschieden breite und lange Streifen von der Hartschaumplatte ab. Die Streifen werden mit Styroporkleber aneinander geklebt, bis man einen großen Rahmen mit vielen Unterteilungen fertig hat.

Beim Biegen der Figuren daran denken, ob sie eingesteckt oder aufgehängt werden sollen. Je nachdem muß man den Verbindungspunkt nach oben oder unten legen und ein entsprechendes Drahtende dort stehen lassen.

Hier wurde allerhand ausprobiert: z. B. plastische Wirkungen zu erzielen, indem man einzelne Figuren hintereinander einsteckt; Farben wurden gemischt, einzelne Figuren bemalt und plastisch gestaltet.

Die Fahnen, Schiffe, Tulpen und Sterne sind sehr einfach zu biegen. Die Eulen, mit einem Drahtende an einem kleinen Naturast festgewickelt, bekamen Augen aus aufgeklebten Pailletten. Zum Kleben verwendet man einen Weißleim, z. B. Ponal. Der über dem Pferdchen schwebende Schmetterling wurde mit transparenten Glasfarben bemalt. Die braune Farbe für das Pferd mischt man aus Grün und Rot. Aus transparentem Tauchlack mit etwas Weiß und Blau entsteht die milchigblaue Farbe für die Wolken.

Um die Berge zu tauchen, wurde transparenter Tauchlack in eine breite Tiefkühldose gegossen. Dazu kamen nach jedem Tauchen eines Berges ein paar Tropfen Blau und Türkis, so daß sich eine farbliche Abstufung ergab.

Zum Aufhängen des Bildes werden zwei kleine Drahtkrampen von hinten in den Rahmen gedrückt. Den Perlonfaden zum Aufhängen befestigt man daran.

Hat man sehr plastische, herausragende Figuren gefertigt, klebt man zwei kleine Abstandsstücke aus Hartschaum auf die Rückseite des Rahmens. Er liegt dann nicht ganz am Fenster an.

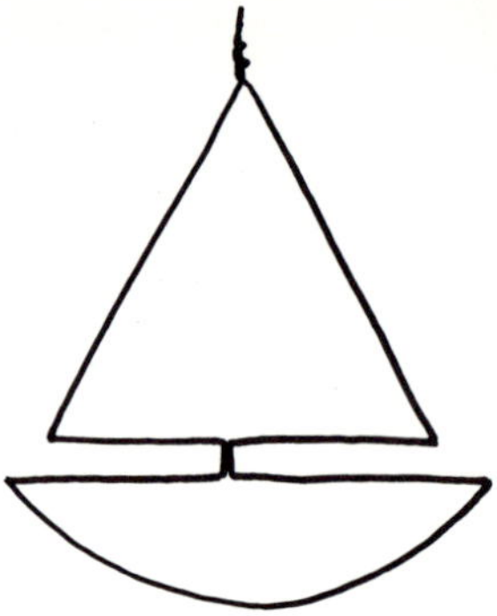

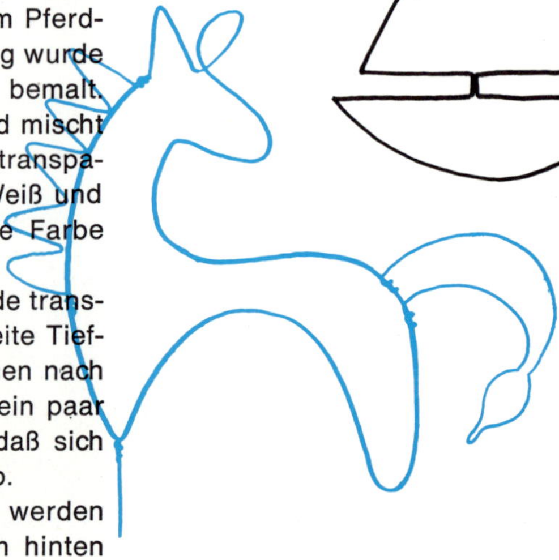

Eine Blütenkugel

Eine Kugel aus Styropor – rundherum mit transparenten Blüten besteckt – ist ein hübsches Geschenk und schmückt ein wintertrübes Fenster. Auch Kinder können sie basteln. Man braucht eine Styroporkugel von etwa 10 cm ⌀. Sie wird in ein Stück Alufolie gewickelt. Dadurch leuchten die Blüten schöner, weil das Licht reflektiert wird. Die Blüten bestehen aus jeweils 5 einzeln getauchten Blütenblättern. Sie werden, wenn sie getrocknet und in Festiger getaucht wurden, um ein Kü-

gelchen aus Alufolie gewickelt. Das Kügelchen steckt auch auf einem Stück Draht. Alle die Drähte wickelt man gut zusammen und steckt die Blüten in die Kugel. Man braucht etwa 20 Stück. Dazwischen werden kleine Blätter gesteckt. Eine kleine Krampe aus dickerem Draht stecken Sie ganz am Anfang in die Kugel. Daran befestigt man mit einer Stecknadel ein Samtband in passender Farbe. Am anderen Ende näht man einen Messingring fest. Und wenn die Kugel einmal verstaubt sein sollte: einfach in Wasser tauchen, dem ein bißchen Spülmittel zugefügt wurde, und wieder trocknen lassen.

Erika

Tischdekorationen

Für einen festlich gedeckten Tisch eignet sich das links abgebildete Arrangement. Es zeigt, daß auch Blüten aus vollkommen durchsichtigem Tauchlack sehr reizvoll aussehen können – besonders dann, wenn der Tisch mit Glasgeschirr gedeckt ist. Die Blüten werden in der üblichen Weise angefertigt (siehe Kapitel: Eine transparente Blüte) und bekommen als Mittelpunkt grüne und blaue Holzperlen. Die Stiele werden mit Alufolie umwickelt. Die Blüten steckt man mit einer farblich passenden Kerze in ein schlankes Glas. Jeder Gast bekommt als Tischkarte und kleine Aufmerksamkeit zugleich eine Blüte neben seinen Teller.

Vorschlag für ein Fensterbild

Durch Hintereinanderstecken von Wellen, Schiffen und Sternen wurde bei dem Fensterbild ein plastischer Effekt versucht. Der Rahmen besteht aus breiten, zusammengeklebten Styroporstreifen. So ein Fensterbild bietet viel Abwechslung. Je nachdem, wie das Licht und die Sonne darauffallen, wechselt die Intensität der Farben.

Ein romantisches Fensterbild

Ein aus 5 cm breiten Styroporstreifen zusammengeklebtes Viereck bildet den Rahmen dieses Bildes für romantisch veranlagte Gemüter. Es ist etwa 30 x 30 cm groß und hängt vor einem Fenster. Die Farbe der Wölkchen ist ein Gemisch aus farblosem Tauchlack, etwa einem Viertel Weiß und einigen Tropfen Blau. Durch waagrechte Haltung beim Abtropfen (die Tropfen fallen dann nicht am Rand, sondern in der Mitte ab) entstehen die lebendigen Muster. Um die Berge eintauchen zu können, füllt man den Lack in breite, flache Behälter. Die Abstufung der Farbtöne entstand so: in farblosen Tauchlack wurden ein paar Tropfen Blau oder Türkis gegeben. Wenn ein Berg getaucht worden ist, gibt man wieder einige Tropfen hinzu, taucht den nächsten Berg usw., bis man die dunkelste Tönung erreicht hat. Wolken und Sonne hängen an starren Drähten, die Vögel dagegen an dünnen Fäden, so daß sie sich zwischen den Wolken ständig durch den Luftzug bewegen.

Tulpen

Ein ganzes Tulpenbeet bringt hier den Frühling ins Haus. Die vielen Tulpen in verschiedenen Gelb- und Rotabstufungen sind in Wirklichkeit nur knapp halb so viele: ein Spiegel verdoppelt sie. Es ist dasselbe Spiegelgestell, das für die Weihnachtskrippe (Seite 40) gebaut wurde. Statt der Krippenfiguren steckt man einfach die Tulpen in die Styropor-Bodenplatte.
Die Tulpen in dieser stilisierten Form sind ganz einfach zu biegen. Für die Spitzen braucht man eine Zange mit konisch zulaufenden Backen. Um das „Beet“ noch plastischer zu gestalten, steckt man die Tulpen nicht alle flach vor den Spiegel, sondern verdreht einzelne etwas.

Blumen

Es ist natürlich Geschmackssache, ob man Blumen in stilisierter Form, nach der Fantasie oder naturalistisch geformt, bevorzugt. Hier sieht man Beispiele für beides.
Das Tulpenbukett im Glas ist als kleines Partymitbringsel gebastelt worden. Von hinten einfallendes Licht, z. B. auf einer Fensterbank, bringt die Farben zum Leuchten. Man braucht ein kleines, dekoratives Glas, das mit sahnig angerührtem Gipsbrei gefüllt wird. Man fettet das Glas vorher etwas mit Öl ein, damit man den Gips bei Bedarf auch mal wieder entfernen kann. Kurz bevor er fest wird, steckt man die Blumen und einige Blätter ein.

Margeriten, aus deckendem Tauchlack gebastelt, erfordern zwar Ausdauer, sind aber sehr einfach zu machen. 10-12 Blütenblätter sind für eine Blume erforderlich. Es ist empfehlenswert, die einzelnen Teile mit Lackfilmfestiger zu behandeln und gut trocknen zu lassen. Das Zusammenfügen ist dann leichter. Die Blüten sind jahrelang haltbar und abwaschbar. Das Kränzchen aus einem Styroporring ist dicht mit kleinen Blüten in verschiedenen deckenden Blautönen besteckt. Die Mitten sind mit weißem Lack bemalt. Mit einer Kerze in der Mitte ist solch ein Kranz auch eine hübsche Geburtstagsdekoration.

Ein Topfblümchen

Eine Arbeit für Tauchlackanfänger, auch Kinder. Ein niedlich zusammengestecktes Blumenstöckchen ist, auch wenn es nicht so perfekt gelingt, ein wirkungsvolles Geschenk, z. B. für Großmütter. Aber auch bei der jüngeren Generation kommt solch liebenswerter Nippes zur Zeit gut an. Ein Minitöpfchen für die jetzt so verbreiteten Setzkästen hat nicht jeder.

Die Blümchen bestehen aus jeweils vier einzeln gebogenen und in reines Weiß getauchten Blütenblättern, die etwas herzförmig geformt sind. Nach dem Trocknen werden sie um ein gelbes „Staubgefäß" gewickelt. Solche fertigen Teile für die Blütenmitten kann man im Bastelladen in verschiedenen Größen und Formen kaufen. Die Stiele umwickelt man mit grünem Band und

Biedermeiersträußchen

bindet jeweils zwei bis drei Blüten zu einem Stengel zusammen. In einen kleinen Blumentopf legen Sie etwas Blumensteckmasse (Mosy, Plastilin o. ä.) und stecken die Blütenstiele hinein. Mit gelbem Emaillack bemalt man die Blütenmitten. Die Blätter werden zum Schluß gebogen, getaucht und rundherum so eingesteckt, daß sie die Stengel etwas verbergen.

Aus fünf einzelnen getauchten Blütenblättern werden die Blüten zusammengewickelt. Einzelne Blätter um die Blumenstengel wickeln. Alle Stiele grün umwickeln und zu einem einzigen dikken Stiel zusammenbinden. Aus weißem Papier im Faltschnitt eine Manschette mit einem Loch in der Mitte schneiden. Auch ein Tortendeckchen läßt sich als Manschette verwenden.

Osterzweig

Eine frisch-fröhliche, ganz einfach zu bastelnde Dekoration ist dieser Zweig. Man schneidet einen hübschen, dornigen, etwas verzweigten Ast und übersprüht ihn mit weißer Farbe aus der Sprühdose. Etwas umständlicher, aber billiger ist es, wenn man ihn mit weißer Wandfarbe anmalt. Ein möglichst glattes, weißes Glas wird mit Gipsbrei gefüllt. Kurz vor dem Festwerden steckt man den Zweig ein. Erst, wenn der Gips ganz hart geworden ist, zerschlägt man vorsichtig das Glas um den Gipsblock herum.

Die kleinen Blüten bestehen aus fünf ganz leicht rosa getönten Blütenblättern. Die Mitte bilden jeweils fünf auf dünnen Draht gezogene gelbe oder orangefarbene Glasperlen. Man knipst alle Drähte bis auf einen kurz hinter der Blüte ab, den stehengebliebenen verwendet man zum Anwickeln an den Zweig. Die „Ostereier“ sind in halbdeckenden Tauchlack in verschiedenen Rot- und Violettfarben getaucht worden. Dazu mischt man transparenten farblosen Lack mit etwa einem Drittel deckenden Tauchlack. Aus den Drahtenden formt man Ösen und hängt die Eier an durchsichtigen Fäden an den Zweig.

Auch zu anderen Jahreszeiten läßt sich der Zweig schmücken: in der Adventszeit steckt man ein paar Kerzen fest und hängt weihnachtliche Figuren daran, und im Winter bringen Vögel oder Schmetterlinge einen fröhlichen Farbakzent.

Glückwunschkarten und Geschenkanhänger

Auch dazu lassen sich Tauchlackfiguren verwenden! Wenn man ein wenig Draht und Tauchlack im Hause hat, ist man um eine originelle Karte oder einen lustigen Päckchenanhänger nie verlegen.

Eine kleine Blüte oder ein ganzes Sträußchen schmückt ein Päckchen. Aber auch ein kleines Vögelchen oder ein einfaches Herz eignen sich als dekorative Anhänger. Ein Glas, eine Messingdose oder ein anderes Gefäß, das man verschenken möchte, kann mit einer großen Blüte oder einem passenden Sträußchen immer reizvoll ergänzt werden. Glückwunschkarten lassen sich mit Fantasie für jeden Anlaß gestalten. Das macht Kindern besonderen Spaß. Einige Beispiele sehen Sie auf der Abbildung. Lassen Sie sich davon anregen! Die Tauchlackfiguren kann man mit Ponal auf Papier und Karton kleben. Es ist in den meisten Fällen nicht nötig, sie mit Festiger zu verstärken.

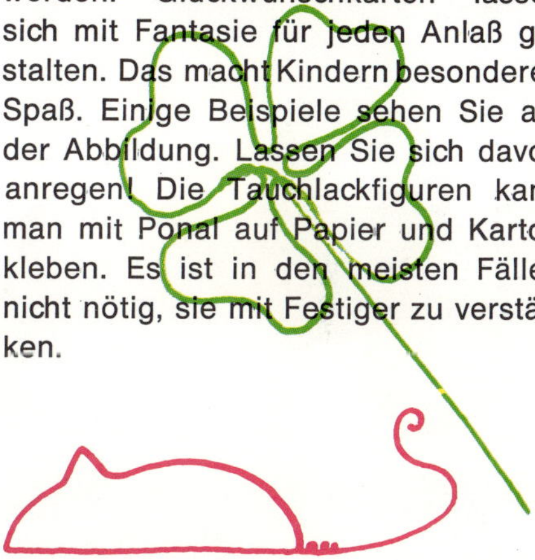

Viel Glück
im Neuen Jahr!
zum
Kindergeburtstag
Für Anne
Karl

Dieses dekorative **Zimmerbäumchen** kann eine dunkle Ecke oder einen zugigen Gang schmücken, in dem sonst keine Pflanze gedeihen würde. Es ist auch ein hübscher Partyschmuck. Man befestigt einen Besenstiel in einer großen, auseinandernehmbaren Styroporkugel (Bastelladen) mit Klebestreifen oder Styroporkleber. Die Kugel wird ringsherum dicht besteckt mit großen blauen und hellgrünen Tauchlackblüten, mit grünen, z. T. hellgrün gespritzten Ruskuszweigen (Gartengeschäft), blauen und roten Wattefrüchten, Silberpapierkügelchen und schmalen Blättern aus blausilberner Metallfolie. Die Blüten haben grüne und blaue Holzperlen als Mittelpunkt. Der Stiel wird mit grünem Kreppapier umwickelt und mit einer Schleife geschmückt. Halt bekommt das Bäumchen in einem Topf, der fest mit Knäueln aus Zeitungspapier vollgestopft wird. Obenauf schöne Steine legen. Das Bäumchen ist etwa 1,50 m hoch, nur zum Fotografieren wurde der Stiel etwas gekürzt.

Christbaumschmuck

Es macht viel Spaß, Figuren für den Christbaum zu entwerfen. Ein Nachmittag in der Adventszeit genügt dazu, wenn die ganze Familie mitmacht.
Die flachen Herzen, Sterne und Äpfel sind ganz einfach aus einem Stück zu biegen. Für die Vögel und Engel braucht man schon etwas mehr Übung und Geduld. Zuerst wird der Körper gebogen, an den dann die Flügel mit einem extra Draht angesetzt werden.

Steht der Christbaum vor einem hellen Hintergrund, wirken transparente Figuren ganz zauberhaft. Vor einem dunklen Hintergrund dagegen kommen Figuren in deckenden oder halbdeckenden Farben besser zur Geltung. Durch einen Zusatz von transparent farblos zur deckenden Farbe erzielt man halbdurchsichtige Wirkungen. Wenn man wenig Weiß in einen transparenten Tauchlack gibt, erhält man ebenfalls halbdurchsichtige Töne.
Die Figuren hängen an dünnen Goldfäden. Beim Schmücken des Baumes sollte man darauf achten, daß die Kerzenflamme die Figuren nicht unmittelbar berühren kann. Der Tauchlack schmilzt nur bei großer Hitzeentwicklung. Kommt jedoch die Flamme unmittelbar an den Lack, brennt er etwa so wie Papier.

Engel

Auch die Engel – zu sehen auf der nächsten Seite – eignen sich als Christbaumschmuck oder als weihnachtliches Mobile. Sie sind aus vier Einzelteilen zusammengesetzt, die nach dem Trocknen punktförmig mit Ponal aufeinandergeklebt werden. Aus den Zeichnungen können Sie die einzelnen Teile ersehen. Durch das Aufeinanderkleben transparenter Teile ergeben sich interessante Mischfarben.

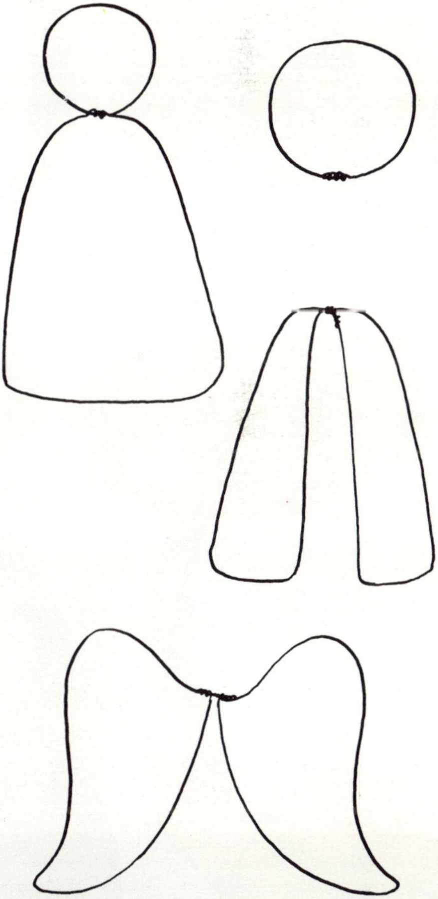

Ruskuskranz

Eine sehr vielseitige Dekorationsmöglichkeit bietet ein Kranz aus Ruskus, denn er kann je nach Jahreszeit immer wieder anders mit Tauchlackfiguren und Trockenfrüchten dekoriert werden. Ruskus ist eine präparierte echte Pflanze, die jahrelang grün bleibt. Man bekommt sie in Gartengeschäften.

Ein Unterkranz aus Styropor (Bastelladen) macht das Binden einfach. Viele kleine Zweige werden fischschuppenartig aneinandergelegt und am Unterkranz mit kleinen aus Draht gebogenen Krampen oder Stecknadeln festgemacht. Ruskus ist stachelig, deshalb zieht man am besten Handschuhe an.

Unser Kranz, geschmückt für die Vorweihnachtszeit, ist bewußt nur in wenigen Farben und schlicht gehalten. Das sattgrüne Ruskus und die zarten, silbrig transparenten Sterne bilden die reizvollen Kontraste. Die Sterne sind nach ein bißchen Übung mit einer Zange leicht zu biegen. Das Drahtende wird nach dem Tauchen und Trocknen zur Öse geformt. Daran befestigt man dünnes Silberband zum Aufhängen.

Adventskranz

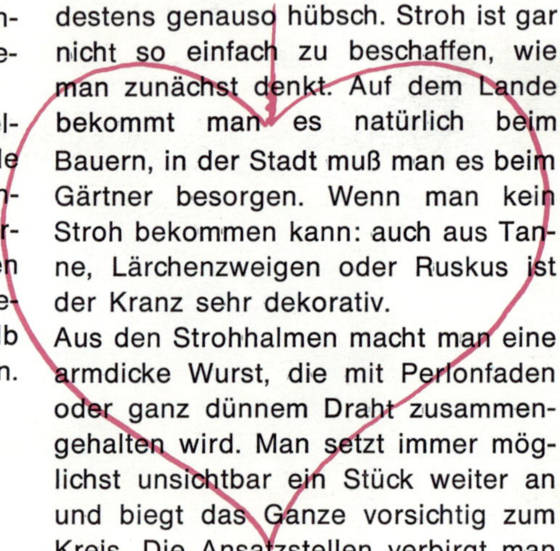

Ein Adventskranz muß nicht immer unbedingt aus Tannengrün sein. Aus Stroh mit roten und rosa Tauchlackherzen, die sich durch die Wärme der Kerzen ständig bewegen, ist er mindestens genauso hübsch. Stroh ist gar nicht so einfach zu beschaffen, wie man zunächst denkt. Auf dem Lande bekommt man es natürlich beim Bauern, in der Stadt muß man es beim Gärtner besorgen. Wenn man kein Stroh bekommen kann: auch aus Tanne, Lärchenzweigen oder Ruskus ist der Kranz sehr dekorativ.

Aus den Strohhalmen macht man eine armdicke Wurst, die mit Perlonfaden oder ganz dünnem Draht zusammengehalten wird. Man setzt immer möglichst unsichtbar ein Stück weiter an und biegt das Ganze vorsichtig zum Kreis. Die Ansatzstellen verbirgt man jeweils mit einigen langen Halmen. Der ganze Kranz wird noch einmal mit Band oder Draht umwunden und an vier roten, breiten Bändern aufgehängt. An den Stellen, an denen die Kerzenhalter eingesteckt werden, schlingt man ebenfalls ein rotes Band um den Kranz. Viele verschieden rote Herzen biegen und in roten oder rosa Tauchlack tauchen. Nach dem Trocknen noch in Festiger geben. Die Drahtenden zur Öse biegen und die Herzen an dünnem Perlonband an den Kranz hängen. Es macht sich hübsch, wenn nicht alle Herzen in gleicher Höhe hängen.

Anstelle der Herzen oder noch dazu wirken auch Äpfel, Sterne und Engel an einem solchen Adventskranz nett.

Eine Weihnachtskrippe

Eine Krippe mal ganz anders: Figuren aus Tauchlack, die vor einen Spiegel montiert sind. Zu sehen sind die Drei Könige, Maria und Josef, das Christkind in der Krippe und ein Hirte mit seinen Schafen. Darüber schweben an

einer dünnen Perlonschnur der Weihnachtsstern und ein durchsichtiger Engel. Durch die Spiegelung der Figuren und Kerzen entsteht ein raffinierter Effekt der Verdopplung. Auch im Raum befindliche Gegenstände spiegeln sich und beziehen dadurch die Krippe in das räumliche Geschehen mit ein.

Kerzenlicht, Spiegelung und die Transparenz der Figuren ergeben zusammen einen farbenfrohen, festlichen und lebendigen Eindruck. Besonders die Kinder werden ihre Freude haben.
Die Krippe ist nicht schwierig zu basteln. Die Figuren sollen „naiv“ ausfallen – wer sich absolut keine eigenen Entwürfe zutraut, kann die Vorlagen auf den folgenden Seiten benutzen.
Um die Figuren eintauchen zu können, ist es nötig, den Tauchlack in flache Tiefkühlbehälter aus Weichplastik umzufüllen. Durch geschickte Haltung beim Abtropfen lassen sich mancherlei Effekte erzielen. Besonders gut kann man das bei den Gewandfalten der Könige sehen, die durch Schlieren entstanden sind.
Das Schwierigste beim Bau der Krippe ist die Anfertigung des Spiegelgestells. Man braucht: 2 Stück Spiegelglas 220 x 100 x 3 mm, 1 Stück Spiegelglas 300 x 220 x 3 mm und Sperrholzreste in etwa diesen Maßen. Aus dem Sperrholz leimt man ein Gestell zusammen, wie es die Zeichnung zeigt. Dazu muß man das Sperrholz auf Gehrung 45° sägen. Wer dazu keine Möglichkeiten hat, kann das Gestell auch aus zwei Dreieckleisten basteln.
Bei beiden Möglichkeiten werden die Spiegelscheiben nach Fertigstellung des Gerüstes aufgeklebt. Eine entsprechend zurechtgeschnittene 3 cm starke Bodenplatte aus Styropor wird ebenfalls eingeklebt. Die Figuren werden einfach in das Styropor eingesteckt. Alle sind mit Festiger behandelt, so daß sie stabil genug sind, einige Weihnachtsfeste zu überdauern.
Die Krippe ist aus zwei Teilen zusammengesetzt. Ein wenig Stroh oder Moos hineinfüllen. Josef und der Hirte bekommen einen kleinen natürlichen Ast in die Hand. Um dem Engel etwas Schwebendes, Unwirkliches zu verleihen, wurde er in vollkommen farblosen Lack getaucht. Die Schafe sind auf unserem Foto nicht so gut zu erkennen. Sie sind aus weißem Tauchlack, der mit Transparent ein wenig gemischt wurde.

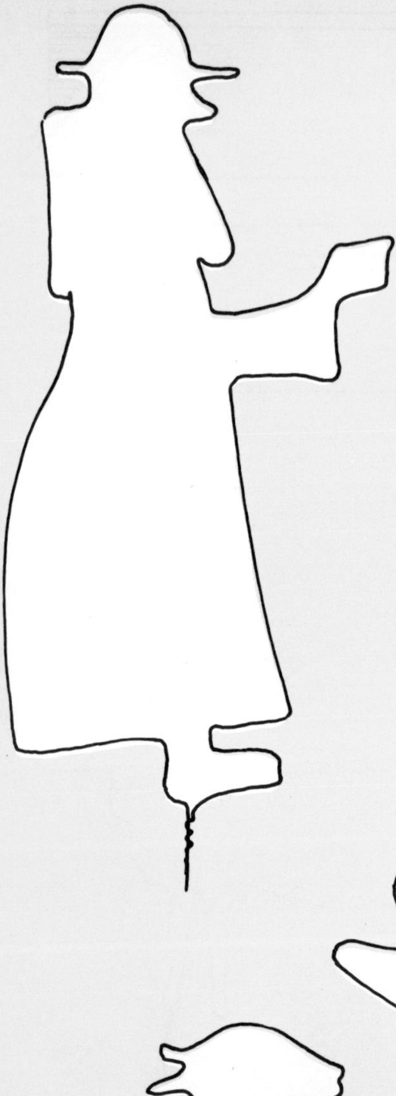

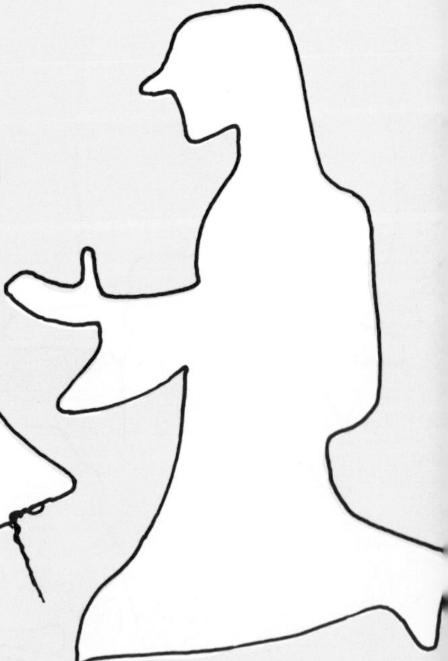

Fasching

Ein lustiger Spaß nicht nur für Kinder! Basteln Sie doch einmal Brillen, durch die man die ganze Welt rosarot, himmelblau oder frühlingsfrisch grün erblickt. Ein Monokel tut's auch und ist noch einfacher zu basteln.
Auch für den Fasching läßt sich allerlei aus Tauchlack basteln: zarter Schmuck, Blütenketten für ein Hawaiimädchen, ein kleines Krönchen für eine Prinzessin usw. Bestimmt haben Sie schon eine Idee!

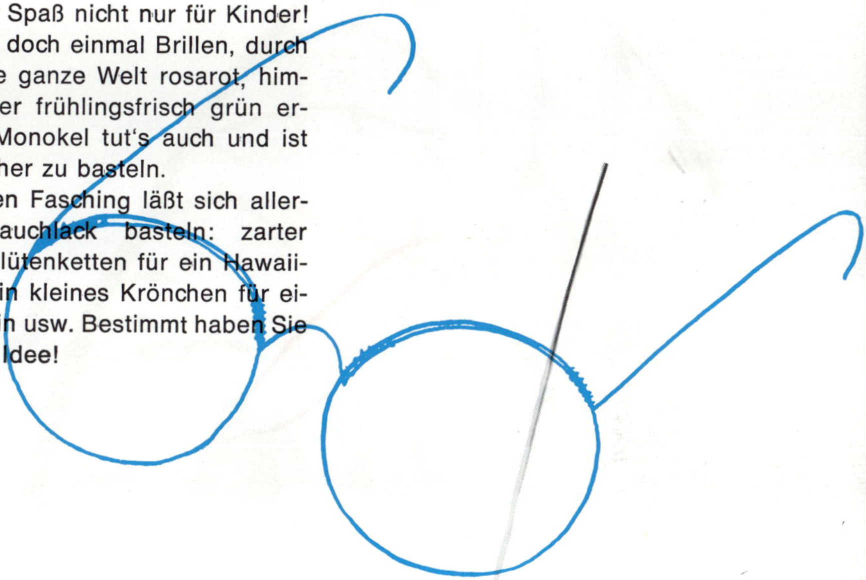